ro
ro
ro

Patrick Wirbeleit, geboren 1971 in Lüneburg, gab 1995 seine Bemühungen auf, berufliche Kompromisse einzugehen (letzte Station: eine begonnene Lehre als Raumausstatter). Seitdem ist er freier Künstler. Als Illustrator und Comiczeichner arbeitet er seit 2001. Seine Illustrationen zieren nicht nur viele Kinderbücher und Galeriewände, sondern auch das Wirtschaftsmagazin brand eins. Gemeinsam mit seiner großen Liebe Frauke (Farbe und Text) arbeitet er an diversen Buchprojekten für verschiedene Verlage und an der Aufzucht und Pflege ihrer zwei kleinen Kinder.

# Patrick Wirbeleit

# Viele wie dich gibt es nicht

Rowohlt Taschenbuch Verlag

Originalausgabe
Veröffentlicht im Rowohlt Taschenbuch Verlag,
Reinbek bei Hamburg, Mai 2009

Umschlaggestaltung any.way, Cathrin Günther
(Illustration: Patrick Wirbeleit)
Kolorierung der Bilder Frauke Wirbeleit
Druck und Bindung CPI – Clausen & Bosse, Leck
Printed in Germany
ISBN 978 3 499 24769 9

# Viele wie dich gibt es nicht

Viele Tage schon bin ich unterwegs.

Und jeden Tag ...

... sehe ich viele schöne Dinge.

Viele Vögel sitzen in einem
Baum und zwitschern.

Viele Schafe stehen blökend
auf dem Deich.

Drei große Mamafische
schwimmen umher.

Viele Babyfische schwimmen mit.

Im Frühling summen viele Bienen.

Im Herbst fallen viele Blätter.

Der Sommer bringt viele warme Tage,

der Winter viele kalte.

Viele Schnecken sind nicht
schneller als eine.

DOG
AIR

Ein Flugzeug fliegt durch viele Wolken.

Am Flughafen warten viele Koffer.
Welcher ist wohl meiner?

Keiner?

In der Bahn lese ich viele Bücher.
Aber nur, wenn viele Bilder darin sind.

Damit du all das weißt,
schreib ich dir viele Briefe.

Die Nacht hat einen Mond
und viele Sterne.

Die Sonne scheint heller
als viele Lampen.

Aus dunklen Wolken fallen
viele Regentropfen.

Ein großer Schirm hat
Platz für viele Menschen.

Ein großes Haus hat viele Fenster

Ding Dong

und viele Treppen.

Viele Worte sagen manchmal wenig.

Nur so viel:

# Viele wie dich

gibt es nicht.